L.n. 20153.

UN MOT

AUX

HABITANTS DE LUPERSAC.

A. M. D. G.

UN MOT

AUX

HABITANTS DE LUPERSAC,

PAR

L'abbé Vedrine.

Le crime fait la honte et non pas l'échafaud.

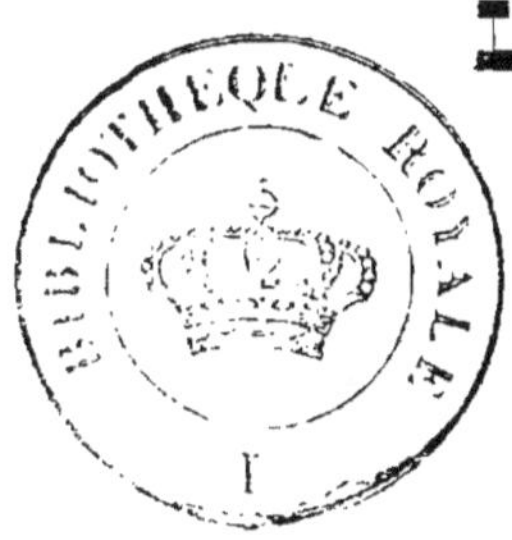

BIBLIOTHEQUE ROYALE

CLERMONT-FERRAND,

Imprimerie de **PEROL**, rue Barbançon, n° 2.

1846.

A. M. D. G.

UN MOT

AUX

HABITANTS DE LUPERSAC,

PAR

L'abbé Vedrine.

Le crime fait la honte et non pas l'échafaud.

§ I.

Plusieurs ont pensé que je ne devais pas le dire, ce mot, et que mieux eut valu garder un silence dédaigneux sur les manœuvres d'iniquité qui ont obtenu contre moi un succès matériel, parce que l'opinion publique, instinct divin de la foule, tribunal permanent de la justice providentielle, ne manque pas de réformer et de casser sans pitié les arrêts de la passion comme ceux de l'ignorance.

Il y a en effet, grandeur d'âme, supériorité de sagesse à s'élever au-dessus des petits hommes et des petites choses de cette terre, exploitée par tant de hideuses intrigues. Ce parti allait assez bien à la trempe de mon âme. J'aime les sages recommandations d'Ignace de Loyola à ses disciples, que son regard prophétique voyait destinés à subir, dans la suite des temps, toutes les persécutions humaines : *Laissez faire, laissez dire, laissez passer.*

Mais le stoïcisme philosophique et l'abnégation religieuse ne conviennent pas à tous les esprits. Donc, d'autres ont estimé que, indignement calomnié, injustement traité, victime d'un infâme complot conduit à bonne fin par un concours de circonstances fatales et les calculs d'une méchanceté raffinée, c'était pour moi un devoir impérieux, sinon d'appeler les investigations de la justice humaine sur les œuvres des misérables qui ont travaillé dans l'ombre à me nuire, du moins d'élever la voix pour repousser avec horreur et briser sur le front hideux de mes ennemis, la coupe de honte et d'opprobre préparée avec une joie et une astuce sataniques à mes lèvres trop confiantes.

Aux yeux de ces derniers, entendre mettre en suspicion sa moralité, voir dénaturer ses intentions et ses actes, noircir son caractère sans manifester une légitime émotion, se contenter, pour toute consolation, de rentrer en soi-même, de se réfugier dans le sanctuaire intime de sa conscience et de se rendre intérieurement le témoignagne qu'on est calomnié, c'est une faiblesse de caractère, une lâcheté. Sans adopter complétement cette manière de voir et de juger, j'ai cru devoir me ranger à cet avis.

En effet, la réputation du prêtre ne lui appartient pas exclusivement; elle appartient avant tout à l'Eglise, qui en a besoin et qui la réclame de chacun de ses ministres comme un dépôt confié à sa garde fidèle. La laisser maculer entre ses mains sans mot dire, ne pas secouer avec une sainte indignation la boue jetée sur sa toge sacerdotale, de quelque part qu'elle vienne, c'est une félonie, une apostasie morale, quand ce n'est pas un acte d'héroïsme vertueux.

Incapable de cet effort surhumain qui fait courber silencieusement la tête sous les traits de l'inique fortune; mais aussi, également incapable de forfaire à l'honneur du caractère sacré dont je suis revêtu, aujourd'hui que l'œuvre de l'injustice est à mon égard un fait accompli, aujourd'hui que quelques mois d'ineffables angoisses ont passé sur mon cœur, que l'indignation bouillonne avec moins d'effervescence au fond de ma poitrine, aujourd'hui je viens élever ma voix, libre des émotions poignantes surexcitées dans mon âme consternée mais non abattue par le triomphe inattendu des méchants, à la face du soleil je viens pousser le cri de l'opprimé.

Ce n'est pas, au reste, une justification que j'entends écrire : J'ai trop de fierté dans l'âme et je me crois trop innocent pour descendre à une pareille démarche. Je veux montrer seulement que je ne tremble pas en face de la calomnie et de ses incroyables succès, pas plus que devant ceux qui l'accueillent. Je veux la rendre plus timide à l'égard de mes confrères, exposés comme moi, s'ils suivent les inspirations du zèle, à ses perfides atteintes : je veux que ce court écrit reste dans mon pays, comme une protestation solennelle contre un déni de justice.

Et puis, j'ai besoin de parler encore à mes paroissiens de Lupersac (1) du bien que je leur ait fait, de celui que je voulais leur faire encore, et des misérables manœuvres qui m'ont temporairement séparé d'eux. Je ne veux pas que mes ennemis puissent jouir d'un triomphe complet, qu'ils aient la satisfaction intérieure de se dire : Il nous faisait obstacle, nous l'avons éloigné, nous l'avons immolé ; il a subi en vaincu les fourches caudines.

Non, non, je ne suis pas vaincu ; j'ai, tout au plus, sans défiance, laissé s'entortiller à mes pieds imprudents quelques reptiles vénimeux, qui ont dégorgé sous mes pas leur bâve et leur poison ; mais cette bâve et ce venin resteront avec eux dans la fange où ils vivent. Je parlerai haut et ferme, je jetterai mes paroles à tous les vents du ciel.

Je le dois à l'honneur de mon nom, si dignement porté

---

(1) Le titre de Lupersac m'ayant été enlevé d'une manière contraire au droit canonique et en vertu seulement des articles organiques, introduits dans la discipline de l'église gallicane par la volonté tyrannique d'un despote, malgré les vives réclamations de l'église et des papes, je puis toujours me considérer, en droit, comme titulaire véritable de cette paroisse.

dans la tourmente révolutionnaire de 93 par trois confesseurs de la foi, morts tous trois dans la haute faveur du saint évêque Dubourg. Il ne faut pas que ces héros de la vérité religieuse aient à rougir de l'héritier ¿de leur nom (1).

Je le dois à ma paroisse , qui m'a témoigné dans mes revers une affection et des regrets dont le souvenir ne s'effacera jamais de ma mémoire (2).

(1) Le plus âgé, connu par son talent oratoire,. après avoir refusé le serment à la constitution civile du clergé, fut néanmoins choisi pour premier évêque constitutionnel de Guéret, avant M. Huguet. Cette proposition ayant été repoussée par lui avec horreur, sa tête fut mise à prix trois mille francs. Obligé de se cacher pour fuir l'échafaud, il promena sa vie errante pendant plusieurs années dans une partie du département de la Creuse, en proie à mille privations et exerçant partout, au péril de ses jours, les fonctions du saint ministère.

Le second, après avoir aussi courageusement refusé le serment , émigra en Espagne , où il reçut une noble hospitalité. Obligé, dans des circonstances fâcheuses, de plaider à la cour du faible Charles IV la cause de ses compagnons d'infortunes, il obtint gain de cause et rendit aux malheureux émigrés un signalé service.

Retiré à Valence, où ses talents lui avaient procuré une fort belle aisance , il rencontra un jour, couvert de haillons et mendiant dans les rues de cette ville, un prêtre *sulpicien*, directeur du séminaire de Limoges. Il l'accueillit avec empressement et le nourrit à ses frais avec trois autres prêtres français, pendant quatre ou cinq ans. Il était loin de soupçonner de quelle manière ses services seraient payés dans la personne de son neveu.

Le troisième, également insermenté, a été dévoré par la révolution.

(2) Pendant plus de quinze jours, la paroisse entière, spontanément et légitimement insurgée, a fermé son église et son presbytère

Je le dois aux nobles familles de la contrée, qui se sont empressé d'associer leurs efforts pour empêcher le triomphe de l'iniquité.

Je le dois à tous mes confrères qui , de toutes les parties du diocèse, m'ont donné de vive voix ou m'ont adressé les témoignages les plus précieux de leurs sympathies et de leur indignation secrète.

Je le dois à tous les honnêtes gens de toutes les classes

au tout jeune prêtre qui venait, avec un empressement et une obstination peu délicate, recueillir ma dépouille que des confrères plus âgés et plus dignes auraient refusée par un sentiment d'honneur.

C'était au moment des grands travaux de la moisson, et , malgré l'urgence du temps, le tocsin n'a cessé de battre pendant quinze jours , et le bourg a été militairement occupé et gardé par cinq ou six cents personnes qui se relevaient à tour de rôle.

Le spirituel magistrat, venu à Lupersac pour juger de l'état des choses, à l'instigation du Don Quichote dont l'imagination était pleine de moulins à vent et qui était l'auteur premier de ces événements, avait compris tout d'abord que ce n'était qu'une tempête dans un verre d'eau et qu'il était ridicule de prendre la chose au sérieux.

Mais ce résultat tout simple ne faisait pas le compte de l'être malfaisant jeté dans le paroxisme d'une idiote fureur par l'horreur et le mépris qu'il lisait sur toutes les figures. Il lui fallait du bruit, des gendarmes , des juges , de la prison , un peu de vengeance. La vengeance ! c'est le plaisir des dieux ; il paraît que c'est aussi quelquefois le plaisir des J. D. P. Aussi il a pu tremper légèrement ses lèvres ardentes dans cette coupe si enivrante , en trompant la religion d'hommes accoutumés à mieux juger des choses. C'est à lui que la commune de Lupersac doit le plaisir d'avoir vu quelques-uns de ses enfants , plus honnêtes que lui , coucher quelques nuits sur la paille de la prison et manger le pain de la geôle , à lui à qui elle doit tant d'autres bienfaits.

de la société dont je m'honore de posséder l'estime et la confiance, et qui ont blâmé universellement la manière brutale dont a été brisée dans ma personne une position acquise par bien des dévoûments et des sacrifices.

Je parlerai donc, mais je le ferai avec le calme de la raison, sans colère comme sans haine : la modération et la mansuétude du Fils de Dieu, calomnié, vont bien aux lèvres de son ministre, abreuvé des mêmes amertumes.

C'est à vous que je m'adresserai, mes chers paroissiens, vous qui m'avez connu dès mon enfance, dont une partie s'est écoulée parmi vous, qui m'avez vu parler et agir pendant les treize années du pénible ministère que j'ai exercé au milieu de vous ; c'est vous dont je réclame le témoignage contre une demi-douzaine d'impudents et déhontés détracteurs, qui avaient conçu le projet d'assouvir une basse vengeance par d'infâmes manœuvres, et qui ont fait prévaloir leurs impostures contre la voix d'une population entière.

§ II.

Après mon appel au sacerdoce, au moment de la révolution de 1830, le digne supérieur du séminaire diocésain, que le clergé regrette chaque jour davantage, et qui ne sera pas remplacé de long-temps, cet homme au cœur chaud et à l'intelligence large, me disait dans une causerie intime : Le bon évêque ne veut pas vous faire vicarier, à raison des services que vous avez rendus au diocèse, comme professeur, il vous réserve une place avantageuse. Quelques jours après, arrive de Lupersac une lettre du vieux curé de cette paroisse, qui me réclame avec instance pour son coadjuteur dans l'exercice, devenu trop pénible pour lui, de son ministère. Aussitôt je renonce à la position avantageuse que me réservait la bienveillance épiscopale, pour voler au secours d'un vieillard infirme que j'aimais, et d'une paroisse qui devait, dans la suite, me devenir si chère. J'y ai passé cinq ans, comme vicaire, sans aucun traitement, obligé de faire, pour ainsi dire, la guerre à mes dépens, jusqu'à ce que la providence m'appela à succéder au titulaire défunt. Pendant ce premier laps de temps et depuis, que de travaux et de fatigues ont été par moi dépensés pour amener cette paroisse à l'état de double prospérité matérielle et morale où elle était quand je l'ai quittée! que de sacrifices personnels ont été nécessaires, dont Dieu seul me tiendra compte, parce qu'il les connaît seul.

L'Eglise était dans l'état de délabrement et de dénûment le plus complet ; sans linge, sans ornements, sans presque aucun des objets mobiliers les plus nécessaires, en un mot ce n'était plus qu'un vaste bâtiment découvert, dépavé, miné par la pluie qui s'infiltrait partout, et en préparait la ruine à petit bruit. Les revenus de la fabrique étaient minimes et très-insuffisants. Cet état de choses peut être attesté par toute la paroisse; j'ai donc dû constituer la fabrique d'une manière régulière et lui faire produire tout ce qu'elle pouvait produire; j'ai dû avoir recours à des quêtes, plusieurs fois répétées, solliciter à temps et à contre-temps la générosité privée, pour parvenir, après bien des peines, à la mettre dans l'état florissant où elle se trouve.

L'état moral et religieux n'était guère plus satisfaisant. Le tribunal de la pénitence était désert, hors le temps paschal, l'instruction religieuse était à peu près nulle, etc.... On sait ce que la paroisse est devenue et avec quel progrès elle marchait enfin vers le bien; combien d'utiles améliorations j'avais préparées encore; quels établissements religieux je voulais procurer à cette belle paroisse qui devaient être si utiles à ses habitants. L'ennemi de tout bien a trouvé moyen d'arrêter le cours de mes projets; que la volonté du ciel s'accomplisse.

Dans l'exécution de tous ces travaux, dans cette réorganisation universelle du matériel du culte, des exercices religieux, dans un énergique redressement des consciences, dans une forte impulsion religieuse imprimée aux âmes, j'ai dû naturellement froisser quelques esprits rebelles à l'entraînement du bien, contrarier des libertins dans l'assouvissement de leurs passions impures, inquiéter des fripons riches du bien d'autrui, et du mien peut-être, mettre obstacle à bien des méchantes actions, irriter cette lie de mauvais sujets qui s'agite toujours au fond ou à la surface de toute société, suivant que celle-ci se trouve dans un état normal ou non.

Tous ces hommes ne pouvaient aimer beaucoup, on le conçoit, un prêtre prêchant énergiquement contre les sept péchés capitaux ; c'était pour eux un désagréable trouble-fête.

Si, au lieu de prendre ma mission au sérieux et de se-couer fortement toutes ces consciences engourdies, je m'é-tais contenté d'empocher, chaque trimestre, les deux cents pièces d'un franc mandatées par le bon pape laïc de l'E-glise gallicane, et de laisser tranquillement couler l'eau, tout en cultivant les dahlias de mon parterre et faisant les yeux doux à tout venant, prenant soin néanmoins de montrer de temps en temps au microscope à qui de droit mes bonnes et belles œuvres, je n'aurais pas excité de ces haines sourdes et cachées, qui ont si beau jeu avec un prêtre amovible, selon le *bon plaisir*, et j'aurais acquis la réputation d'homme sachant vivre, peut-être même de saint, qui sait? Combien, dans notre merveilleux siècle, des grands hommes et de bons bénéficiers ont usé de cette recette, et s'en sont bien trouvés!

Mais il n'est pas dans ma nature de me croiser les bras quand le travail presse. Je ne sais quelle voix inexorable au fond de ma conscience me crie : Marche, marche ; fais ce que dois, advienne que pourra ; et je marche, et il advient ce que Dieu veut, et je ne me repens pas d'avoir marché et fait ce que je devais.

Quoiqu'il en soit, le nombre de ces hommes à qui la ré-
surrection de l'esprit religieux dans la paroisse de Lupersac avait attristé le cœur et remué la bile, était presque
imperceptible, j'ai hâte de le dire pour l'honneur de cette
paroisse. Honteux de leur isolement, ils étaient timides et
réservés, incapables de rien entreprendre par eux-mêmes, complétement inoffensifs. Un chef leur manquait
pour rehausser leurs petites haines et leur inspirer de mauvaises pensées et de mauvaises actions, ce chef s'est trouvé.

§ III.

Un homme s'est rencontré, vaniteux à l'excès, quoique
d'une intelligence un peu béotienne et d'une fortune un
peu négative, avide de popularité et désireux d'attirer à
lui toute influence et tout hommage, jalousant bassement
tous ceux qui, d'une manière ou d'autre, peuvent amoin-
drir le relief factice de sa petite personne et le faire descendre à son niveau vrai, nourrissant au fond de son âme
une haine irréconciliable, homme de mœurs cyniques, de
probité plus qu'équivoque, de réputation tarée, une de
ces pestes publiques qui personnifient en elles le génie du
mal et qui surgissent çà et là dans le champ social, comme
des herbes venimeuses, pour le malheur des hommes.

Avec une organisation aussi perverse, ce personnage
devait tout naturellement voir d'un œil d'envie l'influence

que me donnait dans la localité mon caractère, mes œu-
vres̡et l'amour réciproque qui existait entre le troupeau
et le pasteur, influence qui tendait invinciblement à anni-
hiler la sienne dans l'intérêt public et maîtrisait ses ca-
prices. Il devait détester le prêtre qui arrachait à son infâme lubricité de nombreuses victimes, filles à peine sor-
ties de l'enfance, femmes mariées, mères de famille, qu'il
déshonorait sans pudeur, et abandonnait ensuite à la mi-
sère ainsi que les nombreux produits de sa luxure effrénée.

Tous ces motifs et d'autres encore, avaient allumé dans
cette âme une haine cachée, profondément dissimulée jusqu'au moment où elle a pu se produire avec sécurité. Et
certes, on conviendra qu'il sait haïr l'être chez qui la mort
même ne peut amortir la haine et la rancune, qui laisse
tomber sur un cercueil un sourire de satisfaction, qui ac-
court sur le passage de ce cercueil avec un cynisme dégoû-
tant, le bonnet de nuit sur la tête, pour lui jeter une dernière bravade. Il pense, nouveau Vitellius, que le cadavre
d'un ennemi sent toujours bon (1).

J'étais sûr qu'il ne m'aimait pas, il me devait de la reconnaissance....... et d'une nature telle qu'on ne s'acquitte
pas avec de l'or. J'avais fait beaucoup pour lui et les siens,
j'avais même peut-être..... je m'arrête, et je prie Dieu d'é-
touffer dans mon âme tout sentiment d'une vengeance

---

(1) Cette anecdote tant soit peu sauvage est un des traits de la
biographie de l'honnête homme dont j'esquisse la laide silhouette.

qu'il me serait si facile d'accomplir d'une manière si terrible.

Pendant trois ans, cet homme et les siens ont préparé la réalisation de leur projet favori, de m'éloigner de la paroisse, afin de rester maîtres du terrain pour régner en despotes, et exploiter à leur gré les habitants de la commune, livrés sans défense à leur domination démoralisatrice (1). Pendant trois ans, ils se se sont faits auprès de l'administration épiscopale, calomniateurs anonymes, lâches dénonciateurs de faits controuvés ou indignement dénaturés; pendant trois ans, ils ont distillé dans l'ombre le venin mystérieux destiné à m'empoisonner, aiguisé le poignard homicide qu'ils voulaient m'enfoncer traîtreusement dans le cœur; trinité de Judas, flétris de génération en génération par la malédiction paternelle.

Saisissant enfin le moment opportun où le vénérable évêque venait de descendre dans la tombe et laissait vide le siége épiscopal, ils se sont hâtés de mener à bout leur trame criminelle, si lentement ourdie, en donnant une dernière et décisive impulsion à leur menées souterraines. Le temps, les hommes, l'occasion, tout était favorable.

Dirai-je les choses incroyables qui se sont passées? les habiles, mais épouvantables machinations de quelques êtres

(1) Il y avait un moyen beaucoup plus expéditif de se débarrasser de moi, c'était de m'attirer, sous quelque prétexte, dans un bois taillis, et là de me pendre à un baliveau. Ce moyen réussit quelques fois, mais il offre par fois des dangers.

que le bagne réclame, et qui ne peuvent être bien que là?
Oui, il faut le dire, quelques-unes, du moins.

§ IV.

Retenus par certaines considérations sociales, et ne vou-
lant pas, pour de bonnes raisons, paraître au grand jour,
il leur fallait des bras pour agir, et des langues pour ré-
pandre la calomnie, tandis que, cachés derrière la toile,
ils dirigeaient les mouvements des acteurs de ce drame in-
f ernal en remplissant l'office de souffleurs.

Ils en ont trouvé.

Au jour d'aujourd'hui il ne manque nulle part de ces
êtres dégradés, toujours prêts à donner ou à vendre leur
âme infortunée pour le plus mince intérêt. Ceux qui voulaient du vin et de l'orgie, ils les ont gorgés de vin, ceux qui
voulaient de l'argent, ils leur en ont donné ou promis, à
ceux qui avaient faim ils ont jeté libéralement quelques
hectolitres de blé. Et ces hommes ainsi marchandés et
achetés, grand Dieu ! comme ils étaient bien dignes de
ceux qui les mettaient à l'œuvre. Un concubinaire public,
qui a porté le désordre et les procès dans un des villages de
la paroisse ; — un aventurier, homme dépravé, séparé de
sa femme, chassé d'un service public pour son incon-
duite et réfugié dans la commune ; — un usurier à la petite semaine ; — un fainéant affamé et vivant de rapines
et du fruit de ses excursions nocturnes, etc., etc.

Cette pléïade d'êtres malfaisants une fois constituée, on s'est mis à l'œuvre avec ferveur. On s'est emparé d'une malheureuse, connue dans la localité par la bizarrerie et l'excentricité de ses propos et de ses actions, qui avait souvent trouvé à la cure du pain et du travail, et qui avait fini par s'en faire interdire l'entrée; on a travaillé dans tous les sens cet esprit faible et irritable, on lui a donné de l'argent, beaucoup d'argent (elle s'en est vantée plus tard), on lui a longuement fait son thème, puis, quand elle a été suffisamment préparée, convenablement stylée au service, on l'a poussée en avant.

Par leurs détestables conseils, elle est allée chez un grand nombre de prêtres du voisinage chercher, par la confession sacrilége de crimes imaginaires, dans la personne de quelqu'un d'eux, un complice de bonne foi de sa perversité et de celle de ses patrons, et peut-être en a-t-elle trouvé, juste Dieu!!

Par leurs conseils, appuyés chaque fois de quelques pièces de cinq francs ou de quelques boisseaux de blé, elle a répandu mille contes pleins d'une affreuse turpitude, niant un jour ce qu'elle avait affirmé un autre, se contredisant sans cesse, selon les leçons diverses qu'elle recevait.

Par leurs conseils enfin et leurs instances, dépouillant toute pudeur et la retenue même des filles perdues des grandes cités, elle est allée effrontément devant un magistrat faire des déclarations d'une nature telle que la justice aurait dû s'en mêler, et qu'en agissant elle eût recueilli la reconnaissance de toutes les âmes honnêtes, et la mienne en particulier.

Si je n'ai pas pris tout d'abord l'initiative d'une action judiciaire, c'est que j'ai obtempéré aux conseils d'un grand nombre d'amis haut placés, et que je me suis fait une règle de conduite de souffrir beaucoup dans mes intérêts divers, plutôt que de recourir à l'intervention de la justice ; c'est enfin que, dans la tranquille sécurité d'une conscience immaculée, j'étais loin de regarder comme possible le triomphe d'une méchanceté inouïe.

Voilà, je pense, de la perversité s'il en fut jamais. Ce n'est pas tout encore.

§ V.

Dans l'exercice du ministère pastoral le prêtre catholique, à raison du triple office qu'il remplit, se trouvant en contact immédiat avec la majeure part des misères humaines, est jeté par fois dans d'inextricables embarras de diverse nature. Obligé par état de compatir à toutes les peines, de redresser bien des méfaits, de relever toutes les âmes tombées ou dévoyées qui réclament son secours, de rappeler l'ordre, le calme, la paix, la lumière et la vie chez les hommes et dans les lieux où l'esprit du mal avait fait sentir son funeste empire, son cœur est l'entrepôt de tous les cœurs souffrants qui viennent chercher dans le prêtre, sous le voile d'intimes communications, l'agent mystérieux et universel dont l'autorité divine et l'action réparatrice leur sont nécessaires dans la grande affaire du salut.

Ces confidences souvent si pénibles, qu'elles soient sacramentelles ou non, imposent au pasteur qui les a reçues l'obligation d'un inviolable secret. Son cœur est un tombeau hermétiquement clos qui ne doit laisser échapper aucune parcelle du dépôt qui lui a été confié. On comprend qu'un devoir aussi rigoureux peut devenir, en certains cas, bien pénible à remplir et être la cause de terribles perplexités pour le prêtre, obligé de subir les inexorables exigences de sa position religieuse et sociale, de se présenter désarmé devant toutes les haines et toutes les calomnies, et de courber la tête dans une poignante résignation. Le martyre sanglant n'a pas les douleurs de cet ineffable martyre, à nul autre pareil.

Ce martyre je l'ai subi.

J'ai monté lentement, douloureusement, silencieusement mon calvaire. J'ai vu cette croix sur laquelle des passions et des haines d'une nature multiforme se sont associées pour m'étendre : je m'y suis couché, l'âme torturée d'indicibles angoisses, pour l'expiation des péchés d'autrui...... Du haut de cette croix j'ai entendu les ricanements de mes ennemis, ivres d'une infernale joie, se félicitant du succès de leurs trames coupables; je les ai entendu murmurer fièrement le défi des déicides: qu'il descende maintenant de la croix. Certes, j'aurais pu en descendre ; une parole eut suffi, elle eut fait jaillir la lumière, je ne l'ai pas dite ; un devoir impérieux a rendu mes lèvres muettes, et je me suis contenté de répéter tout bas : mon Dieu, pardonnez-leur, il ne savent ce qu'ils font.

Dans ces épanchements intimes où l'âme malade dépose avec bonheur dans l'âme compatissante du prêtre les secrets d'une conscience tourmentée qui s'épure ; dans un de ces moments solennels où la créature se prépare à aller rendre compte au juge souverain de tous les actes de la vie et formule son testament moral pour les temps où elle ne sera plus, un mandat sacré avait été donné. Pour l'exécution de ce mandat, des soins, des voyages, des démarches diverses étaient nécessaires. Tout cela a été fait sans crainte comme sans remords, parce que tout cela était l'accomplissement d'un devoir, et que toute considération doit venir se briser dans l'âme de l'homme de loyauté et d'honneur contre ces deux mots : Dieu et la conscience.

Hé bien! les bandits ténébreux, qui s'étaient cramponnés à mon existence comme le vautour au foie de Prométhée, se sont jetés sur cette œuvre éminemment pastorale, comme sur une bonne fortune ; hideuses harpies, ils se sont abattus dessus avec un famélique empressement comme sur une proie d'agréable odeur. Ils l'ont contaminée de leurs souillures, corrodée de leur dent de vipère. Ils ont ruminé dans leur imagination fangeuse la vertu et le dévoûment et ils les ont transsubstantiés en luxure. Ils ont dénaturé les intentions les plus saintes, dramatisé d'une manière lubrique l'accomplissement d'une obligation sacrée, et déversé à larges gorgées sur une fille innocente et pure tout le fiel et le poison de leurs bouches immondes.

Tous ces faits divers ont été par eux minutieusement recueillis, présentés, sous un faux jour, malicieusement délayés, considérablement augmentés pour en faire la matière d'une dénonciation, anonyme sans nul doute, car autrement il y aurait lieu à des poursuites judiciaires que je provoquerais certainement, si on avait la loyauté de me livrer les pièces.

§ VI.

En pareille occurrence qu'y avait-il à faire? deux choses : Constater les faits, et les apprécier.

La première de ces deux choses était facile. Les faits vrais étaient par moi avoués avec la naïveté d'une conscience irréprochable et toute la franchise qui fait le fond de mon caractère. D'ailleurs, on ne craint pas d'avouer ce dont on n'a pas à rougir.

Pour l'appréciation de ces mêmes faits, voici des documents qui doivent avoir aux yeux de tout homme raisonnable une puissance irrésistible :

1° A la première nouvelle du succès de l'imposture, la paroisse entière s'est levée spontanément comme un seul homme et à envoyé à Limoges une députation chargée d'une protestation énergique et d'une pétition couverte de signatures.

2° Tous les curés du canton ont envoyé , par l'intermédiaire du curé du chef-lieu, une réclamation collective.

Bon nombre d'autres prêtres des cantons voisins ont protesté individuellement. Parmi ces derniers, je me plais à citer deux hommes de cœur et d'intelligence , d'amitié sûre et d'un commerce aimable , MM. Géofroi de Montreuil et de Miomandre, curé d'Auzance et de Doutreix.

3° Les familles les plus honorables et les plus anciennes de la contrée ont formulé de concert une protestation qu'elles ont envoyée à qui de droit (1).

(1) L'antique et toujours honorable famille de la Celle, dont l'origine se perd dans celle de la monarchie.

Celle de Bonnevie-de-Duras dont la noblesse et les vertus ont été connues des deux mondes.

La famille de Loubens de Verdalle , chez qui le dévoûment et les vertus chevaleresques sont un héritage transmis de père en fils.

La famille de Pierre-Brune , connue par ses mœurs patriarchales et hospitalières , etc., etc...

Une seule s'est tenue à l'écart, qui a l'outrecuidance de vouloir porter plus haut que les autres son blason, tout maculé qu'il est par la pantoufle de la Dubarry.

On a prétendu qu'on ne me connaissait pas assez pour se joindre aux autres. C'est un affront aux hommes de dévoûment qui avaient provoqué cette démarche, c'est en outre un acte de vile ingratitude.

On me connaissait mieux sans doute quand on empruntait ma plume pour écrire la nécrologie d'une vertueuse dame, etc...

Quand on me demandait d'autres services etc... Il y a encore ici un mystère de fourberie que je pourrai plus tard dévoiler.

4° Un homme d'esprit et de jugement et surtout de probité sévère, avocat distingué, habitant la localité depuis dix ou douze ans, connaissant ainsi parfaitement les hommes, les choses et les lieux, M. Arthur de la Celle, est allé lui-même en personne donner les renseignements les plus sûrs, et les explications les plus rationnelles et les plus conformes à la vérité.

Outre cela, une considération qui devait avoir une valeur considérable et un grand poids dans les circonstances présentes, ce sont mes antécédents. Le crime a ses degrés comme la vertu; on ne passe pas de plain-pied de l'un à l'autre; en toutes choses ici-bas il y a nécessairement progression. Or ma vie entière, je la livre aux investigations les plus minutieuses, et je défie âme qui vive de constater un fait, dans cette vie, un fait seul que je ne puisse surabondamment justifier. Il faut être sûr de soi pour parler ainsi; eh bien, je ne rétracte pas mes paroles, tout au contraire, je réitère le solennel défi que je viens de formuler.

J'ai passé dans la paroisse de Lupersac, une partie de mon enfance et de mon adolescence, sans compter les années de mon ministère; j'ai fréquenté divers colléges dans mes études; j'ai été professeur plusieurs années, j'ai eu conséquemment occasion d'être connu d'un bien grand nombre de personnes; mes relations sociales ont été multipliées; je ne crains pas d'invoquer le témoignage de tous mes condisciples dans mes études, de tous mes collègues dans le professorat, de tous mes confrères dans le sacerdoce, de tous ceux enfin avec qui j'ai vécu, et de leur adresser avec confiance cette interpellation : si quelqu'un a connaissance d'une seule action, d'une seule parole de ma part qui ait pu raisonnablement exciter le plus léger soupçon sur ma moralité, qu'il parle, qu'il me confonde. Je suis tranquille sur le résultat. Je doute que les puritains qui ont si bonne opinion d'eux-mêmes et si mauvaise d'autrui, puissent en faire autant.

En outre, le vice tue l'esprit religieux, affaiblit le sentiment du devoir, attiédit la ferveur et le zèle, rend négligent dans ses fonctions; c'est là une vérité fondée sur l'expérience. Eh bien encore, je défie de trouver dans tout le diocèse, un prêtre qui ait montré plus d'exactitude et de zèle dans l'exercice du ministère, un prêtre de ceux qui sont le plus huppés et le plus en faveur, qui ait fait plus que moi, pour beaucoup même, je pourrais dire autant. Je conserve, pour m'en servir au besoin, les lettres de plusieurs vicaires généraux qui m'ont apporté d'année en année l'approbation sans réserve de l'administration.

En tout ceci, je n'entends pas chanter mes louanges; personne ne connaît mieux que moi les bornes de mon mérite. Ce que je dis ici, je le dis dans l'esprit qui faisait parler saint Paul, obligé de confondre les calomniateurs de son temps qui l'auraient probablement rendu victime de leur méchanceté, s'il eut été pasteur amovible par la vertu de quelques bons *articles organiques*.

Voilà ce qui devait donner aux actes qui faisaient la matière du procès leur valeur morale véritable et les faire apprécier sensément. Pourquoi et comment tout cela a été impuissant, c'est un mystère. Quant à présent, je n'éclaircirai pas le mystère, il n'est pas temps encore de parler. Je pourrais peut-être plus tard n'avoir pas la même modération, si j'étais contraint de reprendre la plume, et les révélations que je ferais alors, pourraient bien être pénibles à plus de quatre.

Quoiqu'il en soit, sans égard aux instantes réclamations de ma paroisse, de mes confrères, de toutes les premières familles du pays; sans égard à mes antécédents honorables, à mes longs services, aux sacrifices répétés que j'ai fait à l'obéissance (1), j'ai été arraché violemment, brutalement à une paroisse qui m'affectionnait et à laquelle je m'étais dévoué, que j'avais ramenée de loin à la ferveur religieuse, et au service de laquelle je voulais user tous mes jours jusqu'au dernier. O bienfaits des *articles organiques*! pauvre

(1) Je ne parlerai que d'un seul. Un collége avait été créé à Aubusson, par le patriotisme généreux des habitants de cette ville, et on avait jeté les yeux sur moi pour le diriger en qualité de principal. Il y avait là honneur et profit ; cette œuvre était tout-à-fait dans mes goûts, j'y avais longuement réfléchi et j'étais à peu près sûr d'un succès fort satisfaisant. Monseigneur de Tournefort, pour des raisons que je veux taire, me pria de ne pas accepter, en me faisant les plus spécieuses promesses. Immédiatement je cédai à sa volonté, malgré les instances d'un digne vicaire général, M. Poinzel, qui me conseillait le contraire, malgré la crainte de paraître ingrat par un refus peu motivé. J'ai été bien récompensé de ma docilité !

Eglise de France, sous quelle avilissante servitude t'ont courbée les ennemis de Dieu!!!

Un cœur d'évêque ne l'eut pas fait ; mais aussi il n'y avait plus d'évêque. L'église de Limoges était veuve. La circonstance était favorable et j'ai été cruellement immolé entre le tombeau d'un évêque qui m'aimait, je le sais, et l'arc triomphal de l'installation de son successeur dont le cœur m'est également connu. On avait hâte de m'étrangler entre deux portes.

Que devais-je faire ?

Fléchir le genou, supplier?

Je n'ai point l'âme d'un laquais ; j'ai trop d'ailleurs la conscience de la dignité du caractère sacerdotal pour prendre les allures d'un suppliant, et je remercie Dieu de m'avoir refusé le talent si utile de courtisan.

Résister et demeurer à mon poste ?

J'ai trop de vive foi au cœur pour qu'il se trouve en moi l'étoffe d'un schismatique.

Appeler d'un jugement extra-canonique au métropolitain, au souverain pontife?

C'était la voie légale pour obtenir justice, et, je l'avoue, je m'y étais d'abord arrêté; j'y ai renoncé par suite d'instances auxquelles je ne devais pas résister.

Un dernier parti restait.

Se montrer impassible, couvrir du même dédain tous ceux qui ont mis la main à ma crucifixion, refuser obstinément tout autre poste, et me retirer avec dignité sous ma tente pour y vivre désormais indépendant et libre, mais toujours, comme par le passé, en prêtre de Jésus-Christ.

C'est là la détermination que j'ai prise, et probablement d'une manière irrévocable.

Je n'ai pas d'ambition ; je laisse les places d'honneur et les bons bénéfices à ceux qui savent les conquérir par des moyens qui ne me conviennent pas. Tout mon désir était de faire un peu de bien obscurément dans une humble paroisse rurale, qui avait reçu les prémices de mon ministère, d'apprendre à aimer et à servir Dieu à ce bon peuple des campagnes que dédaignent *les grands esprits*, et que moi j'ai toujours aimé, parce qu'il y a là plus qu'ailleurs de véritable vertu. On a brisé des liens qui doivent être indissolubles, mon devoir dans ce cas, était de renoncer à la vie active du ministère où il y a si peu de sécurité, convaincu que je suis maintenant que dans ce bas monde le zèle et le dévoûment ne sont la plupart du temps que les vertus des niais.

§ VII.

Sur ces entrefaites, est arrivé dans le diocèse un évêque nouveau, apportant dans le fond de ses entrailles des trésors de mansuétude et de paternelle bonté, disposé à voir dans le prêtre autre chose qu'un commis-voyageur que l'on peut, pour son plaisir ou celui du public, promener de paroisse en paroisse. Ce bon prélat, digne de tout le respect et de tout l'amour de son clergé, m'a accueilli avec de douces paroles ; il a pris part à mes peines, déploré la précipitation avec laquelle j'avais été déplacé. J'ai déposé dans son cœur l'honorable secret, mobile de mes démarches ; je lui ai déclaré que nulle puissance humaine ne me ferait abandonner ma ligne de conduite, et que j'accomplirais jusqu'à la fin un impérieux devoir. Son cœur a compris ma position et regretté de n'avoir pu être juge des tracasseries que l'on m'a suscitées. Il n'a pas voulu consentir à ma retraite et m'a offert avec une instance bienveillante une paroisse de 2,400 âmes, au moins équivalente à la mienne.

Il était étranger aux maux qu'on m'a fait, il se montrait si bon pour moi, si plein d'affection, de bon vouloir, que je me serais fait un crime d'accueillir par un refus obstiné la première volonté de mon nouvel évêque et de contrister son cœur si paternel. J'ai donc accepté, malgré ma détermination première. J'ai voulu montrer que le moindre bienfait trouve en moi de la gratitude, et que, si je sens vivement l'injure, je sens non moins vivement les bons procédés. Je ferai donc dans cette paroisse où j'ai reçu le plus bienveillant accueil, ce que j'ai fait ailleurs, tous mes efforts pour produire quelque bien. Mais mon séjour n'y sera pas long. Une fois la dette de la reconnaissance payée. je rentrerai dans la vie privée et indépendante, qui a pour moi tant de charmes et dont on m'a appris à apprécier les avantages.

Je suis sans fortune et je n'ai jamais songé, dans l'exercice du ministère, à me ménager un peu de pain pour mes vieux jours ; je croyais alors à la justice des hommes, mais je ne suis ni effrayé, ni alarmé d'une pauvreté honorable. Doué par la nature d'une trempe d'âme austère et un peu spartiate, je n'ai jamais fait grand cas des jouissances de la vie des sens, et je sais, quand il le faut, réduire les besoins matériels à leur plus simple expression. Un morceau de pain noir et l'eau froide du torrent suffisaient bien aux sages des temps anciens; pourquoi une énergique volonté ne pourrait-elle pas encore circonscrire dans ces étroites limites le plaisir de digérer. Je suis un peu de l'avis du chansonnier :

> On peut bien manger sans nappe,
> Sur la paille on peut dormir.

J'irai s'il le faut, avec confiance réclamer une place à la mense hospitalière de tant de dignes confrères purs comme moi des faveurs d'ici-bas, ou comme moi expiant leur zèle sacerdotal. Et puis ma solitude ne sera pas oisive; le travail est une obligation pour l'homme; pour moi c'est un besoin et un plaisir.

C'est au milieu de vous, mes chers paroissiens de Lupersac, que je veux vivre et mourir; c'est là ma résolution dernière. Assez long-temps j'ai travaillé pour les autres, il est temps de prendre mes invalides ; ma course est plus qu'à demi faite, je veux travailler enfin pour moi. J'aurais craint les remords de ma conscience si j'avais spontanément, sans légitime cause, quitté les rangs des ouvriers du père de famille , mais on est venu me troubler dans mon tranquille et consciencieux labeur; on a méconnu le dévoûment qu'il y avait au fond de mon âme ; on a voulu me donner le baptême de l'ignominie, je n'en veux pas ; je ne l'accepterai jamais; je reçois tout de mes supérieurs, excepté la honte. Qu'ils subissent devant Dieu la responsabilité de leur œuvre, les hommes qui seront la cause de ma retraite prématurée. Il ne sera pas en leur pouvoir , comme il a été en leur vouloir de ternir l'auréole glorieuse que la persécution et le martyre ont attaché à mon nom blasonné par le tyran Robespierre; je la maintiendrai pure cette gloire, qu'ils n'ont pas eux-mêmes, j'en ai la ferme confiance avec la grâce de Dieu , et je ne leur donnerai pas la satisfaction de me voir justifier leurs craintes... ou leurs espérances. On peut me tourmenter encore, me calomnier, m'arracher le morceau de pain nécessaire à ma pénible vie, mais me rendre vil, me faire devenir infidèle à l'honneur de mon caractère, jamais !

Il est possible d'ailleurs de servir la cause de l'Eglise de diverses manières. Les plus choyés et les plus haut placés , ne sont pas toujours les plus méritants devant Dieu et même devant les hommes qui jugent sainement. Quelque sort que la providence me fasse, la sainte Eglise de Jésus

sera toujours mon premier et mon plus fervent amour ;
elle aura toujours en moi un enfant docile et soumis,
attaché de cœur et d'âme à ses saintes doctrines ; toutes
les facultés de mon être seront toujours à son service. Sa
défense sera mon premier devoir, son triomphe et sa
gloire ma plus douce consolation.

A cet amour à jamais invariable, sera aussi associé dans
mon cœur par la reconnaissance, le digne prélat qui fait
espérer enfin au clergé de ce vaste diocèse, des jours plus
tranquilles, et dans la bouche duquel j'ai retrouvé, déjà
vieilli dans le ministère, les paroles et les promesses dont
m'avait bercé, jeune enfant, le saint évêque son compa-
triote (1).

§ VIII.

Quoiqu'il advienne, mes chers paroissiens, vous aurez
toujours, vous aussi, une large part dans mes affections et
mes prières. Il ne sera pas au pouvoir des méchants de
détruire les résultats de mes travaux parmi vous. Les améliorations matérielles opérées par mes efforts subsisteront

(1) Bien souvent l'évêque de sainte mémoire, M. Dubourg, en me
prenant dans ses bras tout petit enfant, avait instamment engagé
les confesseurs de la foi qui veillaient à ma première instruction,
de favoriser de tout leur pouvoir la vocation religieuse de leur neveu, promettant de me faire un bel avenir, si Dieu le laissait vivre
Sa perte a été pour moi une perte irréparable.

malgré eux ; mais l'esprit religieux qui animait un si grand nombre d'âmes ne sera-t-il pas refoulé pour long-temps peut-être ? hélas ! le démon aura bien sans doute trouvé son compte en suscitant l'orage qui est venu battre en ruine mon travail et mes peines. Fasse le ciel qu'il n'en soit rien, et que le Dieu de toute miséricorde et de toute bonté étende sur vos paisibles hameaux sa puissante et spéciale protection.

Que je sois ou non votre pasteur, vos intérêts ne me seront jamais étrangers ; quelque part que la providence me jette sur cette terre, mon cœur sera toujours parmi vous, comme j'espère que mon corps ira reposer un jour près de l'humble pierre qui recouvre des cendres qui me sont bien chères. C'est là, je le répète, que je veux vivre et mourir ; c'est-là que je veux dans un modeste asile achever de passer en paix, s'il est possible, les restes d'une vie éprouvée par bien des revers.

Gardez-vous des hommes qui m'ont trahi ; leurs âmes pétries de boue et de fiel recèlent une perversité peu commune et une immense perfidie. Mes ennemis sont les vôtres, vous devez le comprendre. Oh ! si vous connaissiez combien ils vous méprisent dans le secret de leur cœur ! je le sais moi, c'est pour cela que je vous dis, défiez-vous en. Laissez toutes fois à la justice divine le soin de rétribuer leurs œuvres. Vous en serez témoins, attendez un peu.

Ne croyez pas qu'il reste dans mon cœur pour ces hommes aucun sentiment d'aigreur et de rancune. Ils sont

trop vils pour leur faire l'honneur de les haïr, ils sont au-
dessous du mépris même. Je leur pardonne de grand cœur;
ils ont fait leur métier, ils ne pouvaient agir autrement.
Demandez à la vipère de ne pas mordre, à l'animal qui
mange le gland de ne pas se vautrer dans la boue; c'est
une nécessité de leur nature.

Le seul sentiment pénible qui ait survécu dans mon âme,
celui qui absorbe tous les autres, c'est le sentiment de l'injustice monstrueuse commise à mon égard. C'est celui-là
qui maîtrise tyranniquement tout mon être. Quand mes
souvenirs se reportent successivement sur les actes de ce
triste drame, le sang bouillonne dans mes veines comme
la lave incandescente dans les artères du volcan; j'entends
au fond de ma poitrine l'indignation mugir, comme les
flots tumultueux d'un océan qui gronde et bat les digues
qui enchaînent sa fureur.

Puisse l'esprit de Dieu planer toujours sur ces vagues
justement émues et les captiver sous son étreinte puissante.

Néanmoins, si je souffre de l'iniquité des hommes, je
me console par l'exemple de mon maître, qui fut aussi per-
sécuté par les docteurs de la loi de son temps. Je sais faire
la part des circonstances; je n'ignore pas pour quels hommes il faut faire large et long le chapitre des misères humaines, et, en songeant à la manière dont ce bas monde
est gouverné, au lieu du sarcasme de l'indignation, je ne
retrouve plus sur mes lèvres qu'un éclat de rire d'immense
dérision.

Je vous adjure donc, au nom de cette affection si vraie que je vous portais et vous porte encore, de n'oublier jamais les divins enseignements de cette religion qui est le seul bien véritable ici-bas. Soyez fidèles toujours à ses saintes pratiques qui donnent le bonheur dans ce monde et dans l'autre. Ne vous laissez pas déconcerter par l'injustice, la méchanceté ou l'impéritie des hommes ; il y a dans le ciel, notre commune patrie, un juste juge sur lequel les passions humaines n'ont pas d'empire; il rendra à chacun selon ses œuvres. Craignons-le et n'ayons pas d'autre crainte. Il n'est rien de grand, de digne, de fort comme une conscience sans tache.

Vous savez tout ce qui a été fait, dit, inventé, répété, colporté contre moi avec une persévérance marquée au coin de la plus hideuse scélératesse. Eh bien ! tout cela ne m'a pas même effleuré, tout cela ne m'a pas fait dévier d'une ligne de la route que je m'étais tracée. Ainsi en sera-t-il encore et toujours. Je méprise souverainement les jugements des hommes, et je suis disposé à braver toutes leurs clameurs et leurs persécutions. C'est à ce prix que l'on acquiert la sagesse véritable ; je ne céderai jamais à l'opinion, dût-elle cent fois me briser, quand elle sera injuste et erronée.

Qu'il en soit ainsi de vous, mes amis; faites le bien sans l'espoir d'en tirer profit dans ce bas monde et qu'un lâche respect humain n'enchaîne jamais ni vos paroles ni vos œuvres, quand il s'agira du devoir.

Quel que soit l'homme qui gouverne votre paroisse, accordez-lui votre concours, afin de rendre parmi vous son ministère fructueux ; c'est la volonté de Dieu, c'est aussi mon désir parce qu'il y va de vos intérêts les plus précieux. Et puis, dans l'incessant combat que se livrent le bien et le mal sur la terre, les hommes ne sont rien, les minutes sont tout. L'essentiel est que l'œuvre de Dieu se fasse et que s'opère la sanctification des âmes.

En terminant cet écrit, je remercierai toute la paroisse de l'affection qu'elle m'a portée pendant le temps de mon ministère, et de l'attachement qu'elle m'a témoigné en dernier lieu. Je n'en excepterai pas même ceux qui se sont montrés ingrats à mon égard ou par peur ou par intérêt. Je serai toujours heureux d'avoir pu faire quelque bien aux habitants de cette commune et disposé à leur en faire encore. Je conserve au fond de mon âme la plus vive reconnaissance pour les regrets à peu près unanimes, qui se sont produits avec une énergie qui a fait passer de bien mauvaises nuits à quelques personnages connus.

Je remercierai surtout les pères et les mères qui m'ont secondé de tout leur pouvoir dans l'exercice de mon ministère ; je me plais à croire qu'ils recueilleront, même ici-bas, les fruits de leurs bonnes œuvres.

Je conjure enfin tous ces enfants, toute cette jeunesse que j'ai instruite et formée à la pratique du devoir religieux, d'être toujours chrétienne, pour devenir de plus en plus la consolation des familles, et l'honneur de la paroisse.

En retour des peines sans nombre que je me suis donné pour tous, je ne demande aujourd'hui qu'un souvenir de temps à autre et quelque courte prière à Dieu, et mon vœu le plus cher sera toujours pour la prospérité temporelle et spirituelle de la paroisse de Lupersac.

Elle pourra trouver chez d'autres plus de ces démonstrations banales qui font illusion aux sots, mais nulle part elle ne trouvera ni plus de dévoûment, ni plus d'affection véritable.

J. M. J.

FIN.

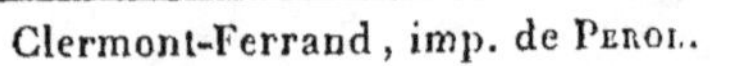

Clermont-Ferrand, imp. de Perol.

www.ingramcontent.com/pod-product-compliance
Lightning Source LLC
Chambersburg PA
CBHW061318050726

47594CB00004B/1776